U0503243

谨以此书庆贺

"北京中轴线——中国理想都城秩序的杰作"

列入《世界遗产名录》

暨北京中山公园对公众开放 110 周年

清严偕乐

北京中山公园老照片集

北京市中山公园管理处　编

文物出版社

图书在版编目（CIP）数据

清严偕乐：北京中山公园老照片集 / 北京市中山公园管理处编. -- 北京：文物出版社, 2024. 9. -- ISBN 978-7-5010-8537-8

Ⅰ. K928.73-64

中国国家版本馆CIP数据核字第2024FW3528号

清严偕乐——北京中山公园老照片集

编　　者	北京市中山公园管理处
责任编辑	冯冬梅
责任印制	王　芳
出版发行	文物出版社
社　　址	北京市东城区东直门内北小街 2 号楼
邮　　编	100007
网　　址	http://www.wenwu.com
邮　　箱	wenwu1957@126.com
经　　销	新华书店
印　　刷	文物出版社印刷厂有限公司
开　　本	889mm×1194mm　1/12
印　　张	17
版　　次	2024 年 9 月第 1 版
印　　次	2024 年 9 月第 1 次印刷
书　　号	ISBN 978-7-5010-8537-8
定　　价	460.00 元

本书版权独家所有，非经授权，不得复制翻印

编辑委员会

主　　编　秦　雷

副 主 编　孙　颖　董　鹏　马　良　王　冰

执行主编　盖建中

编　　辑　李　羽　张辰彦　贾　明

撰　　文　盖建中　李　羽

目录

序

秦　雷

　　一千年前，这里是辽金古刹，所遗"辽柏"遮云蔽日，磅礴蓊郁；六百年前，这里是明初营建北京城的核心构成和国家祭祀礼仪的神圣场所——社稷坛，祀事隆盛，世代绵延；一百一十年前，这里是北京城第一个开放的公园，地处九衢之中，设施臻完，巍然称"首善之园林"；今天，这里是世界文化遗产"北京中轴线——中国古代都城理想秩序的杰作"的重要组成部分，持续发挥着保护传承中华优秀传统文化和服务中外游客的功能作用。

　　悠悠千载，人杰地灵，历久弥新，薪火传承。为了庆祝对公众开放110周年和北京中轴线申遗成功，更好地展示和传播北京中山公园所承载的悠久历史、丰厚文化和独特价值，以及在新时代文物保护工作方针指导下取得的新成就，中山公园管理处与文物出版社合作策划出版了《清严偕乐——北京中山公园老照片集》《巨丽清华——北京中山公园风光影集》两本图录，以影像这种最为直观、具象的历史与艺术语言，从新旧、古今两个不同维度和视角，展现中山公园百余年来的历史变迁、丰富内涵与旧貌新颜。

　　《清严偕乐——北京中山公园老照片集》所选229幅老照片、舆图等，主要来自中山公园管理处旧藏历史档案资料。这些资料大都形成于20世纪二三十年代，是当年公园管理机构董事会制作留存的资料，从中亦可见当年公园管理之精严；同时，这些老照片也是民国初期中山公园引领时代风尚文化功能的产物和佐证：1915 年，公园西南隅建成"绘影楼"建筑，当时著名的同生照相馆即在此设立分号，经营照相业务。中山公园旧藏的这些照片大都出自同生照相馆之手，照片右下角可见清晰的"同生照相"印戳。同生照相馆以拍摄名人政要肖像最为知名，其所拍摄的中山公园景观照片尺幅宽大、取景考究、包罗丰富、洗印精良、品质上乘，是民国时期公园风景摄影的代表作，更是今天研究民国时期中山公园历史的珍贵史料。书中还收录了民国不同时期的中山公园实测绘图，从中更可以细窥早期中山公园建设发展变化的丰富信息。同时，在照片的编排次序上，我们按照公园的功能特点作了富有深意的安排，分门别类，系统性呈现民国时期中山公园的景观特点、设施功能和管理内容，力求达到通俗性和专业性的统一，给后人以启示借鉴。"清严偕乐"一语，出自朱启钤先生所撰《中央公园记》一文中"园规取则于清严偕乐，不谬于风雅"之句。"清严偕乐"是民国时期中山公园开放以来规划建设与功能定位的总基调、总原则，以此命名这本民国时期的公园老照片集，不仅是对图录内容的准确概括，也是对朱启钤等先贤筚路蓝缕开创之功的致敬。

《巨丽清华——北京中山公园风光影集》则是一本最新的公园风景摄影集。为了庆祝公园对公众开放 110 周年，我们从去年年初即开始策划这本图录，邀请张晓莲、范炳远等多位著名公园风景摄影师，制定了长达一年多的拍摄计划，以摄取和表现中山公园的春夏秋冬四季之美、阴晴雨雪四时之奇，力求将公园最有特色的景观以最美的季相和最佳的角度表现出来。几位摄影师在调研后亦深感中山公园是一个值得用影像去表达的宝地，倾注了极大的艺术热情，起早贪黑，雪中雨里，就高俯低，探幽搜奇，精益求精，不满意的片子则反复重拍。在图片选择标准上与以往的公园影集强调代表性景观不同，而是以突出艺术性为主，兼顾景观的代表性，从上千张照片中精挑细选近150张，分门别类，集成这部图录。"巨丽清华"一词取自朱启钤《中央公园记》中"地望清华，景物巨丽"之句，这是当年朱启钤先生对北京中山公园特点的概括，我认为，百余年后，这仍然是对公园特点的最好表达。

两本图录的内容时代有别，色彩各异，风格迥然，但是一脉相承、一以贯之，犹如历史的河流流淌不息。我们将两本独立的书籍做一整体设计，犹如姊妹篇；这也是历史和现实的对话，历史在现实中传承和延续，现实也终将融入过去，成为新的历史。

抚今思昔，往事如烟；抚昔思今，豪情万千。在公园对公众开放110周年之际，乘着北京中轴线申遗成功的春风，中山公园人将在习近平新时代文化思想的指引下，不忘初心、牢记使命，再接再厉，传承创新，为实现北京中山公园的高质量发展和保护传播世界文化遗产价值而努力奋进！

（作者为北京市中山公园管理处党委书记、园长）

从皇家祭坛到城市公园

盖建中

北京中山公园前身是明清时期的社稷坛，建于明永乐十八年（1420年），是中国现存最完整、等级最高的封建皇帝祭祀社神和稷神的建筑群，与太庙共同构成了"左祖右社"理想都城的规划范式。1914年，社稷坛被开放为北京市内第一个公园，初名"中央公园"。作为北京第一座经过精心规划、由皇家坛庙改建成的大众公园，它对后来先农坛、天坛、北海、地坛等公园的开放都产生了深远影响。1928年，中央公园改名为"中山公园"，1937年复改为原名，1945年之后再次沿用"中山公园"之名。中山公园的开放开辟了皇家坛庙公共化的开端，它的开放在中国近现代政治、园林、文化乃至北京城市建设史上都具有重要影响。

打破封建都城的秩序空间

北京是世界最大的城市之一，历史悠久，有着三千多年的建城史和八百年的建都史。随着后续元、明、清等朝代的更迭，都城经历了一次又一次的建设，但基本保持了作为封建皇权象征的帝都规制和格局。

《周礼·考工记》记载了这样的规定："匠人营国，方九里，旁三门，国中九经九纬，经涂九轨。左祖右社，面朝后市。"这段话清晰地阐述了都城规划的指导原则，这些原则是封建社会儒家思想在城市规划上的集中体现。

儒家思想支持井然有序的国家结构，北京作为封建帝王权力的空间和物质象征，其城市布局中便包含了儒家思想规定的社会秩序。一位研究中国帝制时代城市规划的西方学者南茜·莎茨曼·斯特哈德在其著作《中国帝制时代的城市规划》（夏威夷大学出版社，1990年，第1—13页）中指出："首都的模式及其建筑风格便是封建帝王用来展示其作为统治者和作为传统之监护人双重合法身份的诸多方法中的两种。"这种井然有序的城市空间秩序，始终是国都神圣不可侵犯的。城市空间的使用权更是受到严格的控制，包括园林和坛庙。

20世纪之前，北京有许多皇家园林，但完全是皇室贵族专用。例如紫禁城中的御花园、恭亲王府花园等。这一处处美丽的园林以自然山水为蓝本，以假山、小桥、流水、亭台楼榭为画笔，描绘出一幅幅美若仙境的世外桃源。但再美也是皇室的，平民是不能踏入半步的。除了皇家园林之外，北京城还有许多皇室祭坛和庙宇供统治阶级从事祭祖和宗教活动。这些祭坛通常都被赋予神圣的使命。太庙祭祖，天坛祭天，社稷坛祭祀土神和谷神。

社稷坛与地坛既有联系也有区别。联系是两者都祭祀土神，区别笔者认为在于社稷坛的土神不是简单意义的土地之神，而是一种象征性的领土之神。社稷坛设"五色土祭坛"，铺筑五种颜色的坛土，以五色代五方，以五方代天下。明代坛土由全国各地按时进献，所谓"普天之下莫非王土"。祭祀社稷坛可以追溯到远古时代，是中国古人从土地崇拜演化而来的一种祭祀制度。也就是说，中国古人把对土地的崇拜拟人化了。社神是共工氏，一个善于治理水患的家族；稷神是后稷，一个善于种植谷物的人。民间广为流传着一句话"民者君之本，谷者民之本"，从中不难看出中国人将社稷看作人们生息和国家繁荣的两个要素。明永乐十八年（1420年），永乐帝仿照南京规制建社稷坛于宫城之右，与太庙相对。每年的春秋两季皇帝都会亲自或遣官来祭祀。作为皇家祭坛，社稷坛也一样以象征手法反映出强烈的等级色彩。它用三重围墙围合，形成了天、地、人三个独立的空间，用环坛古柏群营造上天与人间的时空分隔，古柏群内的祭坛只有天子才可以进入。

随着清王朝的日益衰落，发生了一件打破封建都城空间秩序的大事件——开辟公园，其地点就在中山公园。中山公园的开放打破了封建都城固有的空间秩序，原来只供私人享用的空间，向全社会打开了大门。有的学者称之为"公园开放运动"。

一场有组织的公园开放运动

"公园"这一概念是20世纪初期首次引入中国的，是直译过来的词汇。在西方，公园是为了娱乐、教育或者保持和享受天然美景而保留的地区。欧洲公园运动开始于1830年，19世纪中叶传播到美国，这与当时兴起的民主思想有关。"公园"区别于"园林"和"花园"，意味着为公众所有。

在中国，园林始于汉代，到宋代逐步普遍化，盛于明清。然而，当时园林营造的手法、理念均反映了统治阶级的意识形态，对普通人来说，公园才是自己的乐园，北京人自己的乐园就从中山公园开始。这里不能不提一下，北京动物园的前身——万牲园。有学者认为万牲园是北京第一个公园，笔者认为似乎不妥。万牲园修建于光绪年间。1906年，作为新政改革的一部分，清政府派遣官员到国外学习，归国时带回一批动物，慈禧将它们饲养在万牲园内。1908年，万牲园向公众开放。笔者认为这个时期的万牲园只是一个专类园的雏形，与公园的内涵有一些区别。我们可以将万牲园的开放视作朝着真正意义的城市公园开放迈进了一步。

大规模的公园开放运动是一场有组织的城市改造运动。1914年，在北京城建设公园是京都市政公所最优先考虑的工作之一，一场轰轰烈烈的宣传运动由此拉开序幕。当年《市政通告》第2卷刊登了一批文章，介绍世界诸国建设公园的情况，还对建设公园的作用进行了阐述。文章开门见山：

> 人与人相聚而成家，家与家相聚而成市。一市之中，无论士农工商，老少男女，孳孳终日，大概都离不开劳心劳力两途。既然这一群人常处在勤苦之中，若没有一点藏休息游的工夫，必生出种种流弊，所以各国通例，每七天要休息一天，为休息的定期。每一市村，大小必有一两处公园，为休息的定所，以此来活泼精神，操练身体。我们中国人，从前不得这个诀窍，把藏

休息游四个字丢在一边，及到较起真儿来，虽然没有一天不作正事，是在没有一处不寻那有损无益的娱乐。现在星期休息，中国已经通行，但是通都大邑，没有个正当的游玩地处，因而闹得多数男子，都趋于吃喝嫖赌的道儿上去，跟人家外国比较起来，人家寻乐是有益于身心，中国旧社会寻乐是无益身心，一反一正，差的那儿去啦。所以打算改良社会，当从不良的病根上改起。设立公园，便是改变不良社会的一种好法子。"公园"二字，普通街座公家花园，其实并非花园，因为中国旧日的花园，是一种奢侈的建筑品，可以看作是不急之务，除是富贵人家，真有闲钱，真有开心，可以讲究到此，若是普通人连衣食住都顾不上，岂能还讲究什么盖花园子？……公园通例，并不用画栋雕梁，亭台楼榭，怎么样的踵事增华；也不要春鸟秋虫，千红万紫，怎么样的赏心悦目。只要找一块清净宽敞的所在，开辟出来，再能有天然的邱壑，多年的林木，加以人工设备，专在有益人群的事情上讲求讲求。只要有了公园以后，市民的精神日见活泼，市民的身体日见健康，便算达到完全的目的了。诸位要知道，北京城里，小户人家所以爱站街的缘故皆因是他们住的房屋窄小龌龊，终日住在里头，气都不舒，所以要到外边吸点新鲜空气。一家如此，一市也如此，市民终日际往来于十丈红尘之中，没有一个散心的去处，就好比住在龌龊的屋子里不准出门一般，犹如同从前科场的时候入了号桶子似的，请问难过不难过呀？所以公园之对于都市，决非花园之对于私人可比。简直说罢，是市民衣食住之外，一件不可缺的要素。

文章直接点明了城市公园的基本功能，并传达出值得关注的信息：一是批评旧的社会风俗，树立公众对城市的认同感；二是政府是保护人民健康和道德的责任者；三是公园是近代城市的标志之一，中国也必须有自己的公园；四是文章极力向当时的社会高层传达一个信息，只有这些精英才是实现建设公园的推动者。当时北京城几乎没有什么娱乐活动，交通不像现在这样发达，在靠近居民区的地方建立公园已经成为必要，也是可行的。北京的气候也需要建设公园。北京靠近黄土高原，来自蒙古的风经常由西北席卷北京，使得京城气候干燥，尘土非常多。明代西方传教士利玛窦曾抱怨说，由于北京雨水很少，整个城市经常灰尘蔽日。公园内有大量植物，将会一定程度上减少城市的尘土含量，提高城市舒适度。另外，当时的公园建设倡导者还希望公园可以承担一些社会教化功能。可以说，公园的建设成为当时社会关注的焦点，也承载了人们诸多愿望。就这样，中山公园应运而生。

公园是这样建成的

经过前期京都市政公所的大规模宣传活动，创立公园已经具备了天时地利人和的条件。但与此同时，难题也随之而来。一是用地紧张。城墙内几乎没有可以建公园的空地了。城外有地方，例如天坛，但是随着清帝退位，这里已经一片荒芜。一位来自西方的旅行家写道："宫殿群附近也是一片狼藉。甚至前门周围的空地上也撒满了垃圾……"（布雷登著《北京纪胜》，外语教学与研究出版社，2008年，第1页）二是资金短缺。当时的政府并没有那么多的资金用来建设公园。解决这两个问题的压力迫使京都市政公所开始考虑从那些神圣的地方入手了。

机会终于来了。1913年2月22日晨，中国两千年封建社会最后一位皇太后——隆裕太后病逝，民国政府定在太和殿举行公祭活动。时任天安门内外指挥事宜的交通总长朱启钤巡视到社稷坛，看到这里场地宽阔，殿宇恢宏，古柏参天，且地理位置优越，但年久废置，杂草丛生，一派凄凉，就萌生了辟建公园的念头。此时，热河行宫一批文物正送到北京，朱启钤自告奋勇与清廷协商，将三大殿以南除太庙以外由北洋政府管理，并提议将社稷坛开辟为公园。建公园的地点是有了，可钱从哪里来呢？此时，北洋政府以财政紧张为由拒绝出资，为筹得资金，以朱启钤为首的京都市政公所决定让市民捐款：北京居民或暂居者只要每年捐赠50元大洋便可以成为中央公园管理局董事会成员，法人捐赠至少为500元，捐款视为慈善行为不以利润为回报。捐款的人主要为著名的政商人物和社会名流，徐世昌、黎元洪、张勋、朱启钤等居最高，每人捐款在1000元至1500元间，不到6个月的时间就筹款4万余元，不久便筹集到了足够的建园资金。在经选举产生的执行委员会领导下，中央公园工程开始了。这一期间，朱启钤更是亲力亲为，坚持每天到工程现场。由于社稷坛内荒草丛生，朱便利用与交通部、陆军部的关系，抽调部分军队参与整修工程。

当然，在社稷坛创建公园也遭到了一些人员的反对，反对意见主要来自两方面。一个是保守派。他们不能容忍政府在前皇家祭坛的遗址上修建公园，也无法分享公园给市民带来的快乐。这些人一度用"废"来评价公园创建的事件。"天安门与午门之间，左有太庙，右有社稷坛。它们修建于明朝，清朝袭之，而废于中华民国公园运动之时。"（余紫昌著《故都变迁纪略》，1913年，第2—9页）另一个是部分建筑专家，他们认为这样的变更削弱了遗迹的历史价值，建公园不如建博物馆。就是在这样一片嘈杂声中，1914年10月10日，北京城内第一个公园诞生了。

这里不是一个公园那么简单

北京中山公园作为坛庙园林的代表之一，将造园人追寻的"虽由人作，宛自天开"的审美理念，以及"本于自然，高于自然"的造园主旨融为一体，给我们留下了"一首凝固的诗，一幅立体的画"。中山公园的创建是历史的机缘，也是社会发展的必然。它从创建之初就不是一个公园那么简单，承担了很多功能和角色。

第一，最早实践古建文物保护。中山公园先是祭坛，后辟建为公园，两者既有联系又有区别。祭坛是人类历史发展的产物，是迄今发现的人类最早的建筑之一，蕴含了人类对自然的认识过程。无论在东方或西方，最初人类对自然的敬仰之情是有着共通之处的。天、地、日、月等被赋予拟人化的"灵魂"，却又高于人类，为人类所膜拜，而祭坛就是人类进行这种膜拜活动的构筑物。我国从黄帝开始发展的君权至上的国家祭祀，受到中国传统文化与国家礼制的双重影响，经过了历代继承与发展，是中国五千年文化的重要组成部分，也充分展示了古代封建帝王"皇权神授""天人合一"的思想以及至高无上的地位。国家祭祀的出现推动了我国祭坛建筑的衍生与祭坛园林的发展。

公园是为满足城市居民室外休息、观赏、游戏、运动、娱乐的需求，由政府或公共团体经营的市政设施，其特点在于公共性。随着1914年中央公园的开放，祭坛和公园这两个不同概念的实体结合在了一起，通过中山公园的辟建，实现了坛与园的相互融合、高度统一。中国古典园林是一个集建筑、园艺、山水于一身的诗画园林，它反映了古代造园家们不同的历史背景、学识水平以及社会经济和工程技术水平，体现了古人的自然观、人生观、世界观的变化，蕴含了儒、释、道多种哲学思想。1982年，国际古迹遗址理事会颁布的《佛罗伦萨宪章》中提出："历史园林指从历史或艺术角度而言民众所感兴趣的建筑和园艺构造。"2002年10月1日，我国建设部批准、发布的《园林基本术语标准》中提出了"历史名园"概念："历史悠久、知名度高，体现传统造园艺术并被审定为文物保护单位的园林。"无论是"历史园林"还是"历史名园"，都是对园林遗产的保护性定义和称呼。历史园林强调古迹原貌的恢复和再现，注重文化内涵和历史意义的挖掘与展示。所以，中山公园的辟建为历史名园保护做了开拓性尝试。

第二，突出精品造园理念。社稷坛的坛域不大，在这样一个23.8公顷的土地上，既要保存原有的祭坛、拜殿等古建，还要叠山理水，这就对营建者提出了更高要求。作为公园的开创者，朱启钤对公园的创建起到了决定性作用。朱氏珍惜古迹文物，对中国的古建工程和造园艺术尤有研究，曾邀合志同者收集、整理、重新出版了《营造法式》和《园冶》两本书，并为两本书的重印作序。他在《重刊园冶序》中指出，造园贵在"纯任天然，尽错综之美，穷技巧之变"。他认为，"盖以人为之美入天然，故能奇；以清幽之趣药浓丽，故能雅"，因而强调"留情艺术，主持风雅，而以诗情画意写入园林"。这种深刻的体会与主张，在辟建中央公园的实践中得到了充分体现与发挥。首先，内坛以坛为主，保留原有坛台、坛墙、大殿等建筑。外坛以环坛古柏为基点开辟景区，修筑道路。其他景物或移或买或捐，但均围绕坛庙园林井然有序、庄重质朴、严谨规矩、清雅精巧的特点而展开。例如，内坛曾建有三十余个国花台，用于观赏牡丹、芍药。虽然看似在内坛增加了东西，可是台并不高，保证了祭坛中心的视觉通廊。原来社稷坛是与紫禁城配套的建筑，门开在端门西旁正中，游人通行不便。于是，朱启钤把正门开在天安门西侧，紧邻长安街南墙，对着天安门右侧金水河上的石桥，面向车水马龙的西长安街。同时，太庙也开一假门，两面对称。开门后，铺一条石碴路，先往北再往西至社稷坛南门，又修了一条环坛的马路，可以绕着坛墙在柏林中走一圈。他还在公园的西北角辟门造桥，直通西华门，这样可以让游人出北门，顺路游览古物陈列所和故宫的三大殿。中山公园的景观在于突出体现"巧、借、精、宜"的特点。

第三，公众集会的首选。中山公园在创建后很快就成为政府、市民集会的首选地点。一来是地处市中心，地理位置合适。二来园内先后建立来今雨轩等一批中西餐厅、茶馆，为各式集会提供了便利条件。这种集会一般是政治性的，如1915年，因抗议"二十一条"，曾有30多万北京市民在同一天赶到中山公园参加集会。

第四，社会团体、知名人士活动的重要场所。著名学者邓云乡曾回忆说：当时来中山公园渐成为一种习惯。特别是在开放的短短几年，在这里诞生了一大批重要的政治、社会、文化、学术团体。这些团体对日后中国的政治生活、文化生活起到了关键性作用。如：

行健会。北京最早的民间体育组织。其名根据《易经》中"天行健，君子以自强不息"而来，始建于1915年5月。开始由公园董事长朱启钤和董事曾叔度、张仲仁提议设立，地址设在南门内东侧。行健会设有棋、球、投壶等项目及阅报室，室外设网球场2个、射圃1处，供游人使用。行健会实行会员制，会员缴纳一定数目的会费即可参加所有体育活动。1928年前后为最盛时期，会员数百人。这期间，著名京剧表演艺术家程砚秋、金少山、叶盛兰经常来此打太极拳。会员还组织了网球、篮球、足球代表队，与欧美同学会等代表队比赛。行健会前后开办了35年，于1950年停办。

卫生陈列所。北京最早的群众防病知识宣传阵地，成立于1915年。陈列展品分为十组：衣服卫生、饮食卫生、居住卫生、儿童卫生、卫生常识、胎生、花柳病、肺痨、传染病、医药。在社稷坛西南角（神库）内陈列各种实物、标本等，对社会公众开放。1933年该所隶属北平市卫生处，1950年批准扩大为卫生教育馆。

中国画学研究会。成立于1919年，由著名山水画家金北楼任会长，周肇祥任副会长，成员200多人，包括秦仲文、吴敬亭、徐燕孙、徐宗浩、王雪涛、汪慎生、周怀民、李苦禅等人。研究会每月3日、8日为例会，地点便在来今雨轩茶社东侧的厢房内。画学会可以说汇集了当时享有盛名的一批画坛大师，如秦仲文的山水、徐燕孙的人物、徐宗浩的墨竹、王雪涛的花卉等。他们还每年做一次评选，择优展出。画学会历时三十余年，每月出一期会刊，名为《艺林月刊》。新中国成立后这一组织改为中国画院，徐燕孙为会长。

中国书学研究会。北京最早的一个书学会。1936年，黄河决堤，灾民无数。当时任北平古物陈列所所长、中山公园董事的周肇祥发起义赈活动，资助灾区。北平文化名人纷纷响应，在中山公园举行书画展销。大家当场泼墨挥毫，不论尺寸大小，一律大洋五元，这件事成为北平书坛的一件盛事。"七七事变"后，这些文人忧国忧民，无奈身单力薄，故借书法义卖的契机成立了书学会，每半月活动一次，推举周肇祥为会长，地点与画学会相同。大家无论长幼，每次携带自己的书法作品到会，或评论，或讲学，或义卖。1939年因日寇猖獗而停办。

中国营造学社。第一个私人研究中国园林建筑的学术团体。成立于1929年6月，由朱启钤创办，1932年迁入中山公园租用社稷街门南的旧朝房办公。学社下设法式组，由梁思成主持，刘志平辅助；还设有文献组，由刘敦桢主持，另聘单士元为编纂。学社创办的古建工程学术刊物《中国营造学社》，为中国近代园林古建工程研究奠定了坚实的基础。

新文学运动中最为重要的文学社团——文学研究会，1921年1月4日在北京来今雨轩正式成立，是五四新文学运动中最早成立的文学社团，成员多、影响大。文学研究会是在中国新文学运动从"向旧文学的进攻"转为"向新文学的建设"中诞生的，它倡导写实的人生艺术，反对封建复古主义，成为当时新文学战线上的一支生力军，为中国现代文学培养了一批人才，在中国现代文学史上留下了浓墨重彩的一笔。发起者有郑振铎、沈雁冰、许地山、王统照等。后来陆续发展的会员有谢婉莹（冰心）、黄庐隐、朱自清、老舍、刘半农、刘大白、徐志摩等170余人。它的发起者与参加者有许多成为对中国新文学运动有卓越贡献的人物。

民国初期著名的摄影社团——光社，1923年由陈万年、黄振玉发起成立。该社每年都要在来今雨轩举办展览会，观众人数达到五六万人次以上。

1924年7月13日，北京反帝大联盟在来今雨轩成立，到会的有北京学生联合会、《政治生活》周刊社、社会主义青年团、马克思学生研究会等50多个团体的代表。

1925年4月12日，蔡元培、梁启超、陶行知等56人发起的中国图书馆界协会在来今雨轩召开了发起人大会，并成立了筹备委员会。这是中国图书馆进入一个新的历史阶段的里程碑。

上述仅选取了部分具有一定代表性的组织，除此之外还有1949年成立的美术家协会等也与中山公园有渊源。

第五，进步人士的"革命沙龙"。为挽救民族危机、解决社会问题，各界进步人士常在来今雨轩集会，探讨思想理论，批判社会现实，策划群众运动。其中不乏早期的共产党员，他们的"革命沙龙"有力地配合了国民革命运动。来今雨轩受到新文化运动的旗手们青睐，自然吸引不少新青年到此活动。五四运动前后，少年中国学会、文学研究会等进步社团在来今雨轩的活动使其在青年人心中具有特殊意义。

五四活动时期影响最大的全国性青年社团——少年中国学会常在来今雨轩开会，或欢迎外地来京、留学归国的会员，或召开常务会议。学会成立之初以研究学术为宗旨，会员们在思想自由的氛围中汇报读书心得，真诚地交流意见。随着国内外形势发展，学会内部的分化亦在此初见端倪。据余家菊回忆，他第一次到来今雨轩参加学会同仁集会时，毛泽东暗中递给他驱逐湖南军阀张敬尧的传单，另一会员看见后，悄悄将传单撕碎投入火炉并提醒他谨防侦探，这才躲过搜查（余家菊：《回忆录》，中华书局，1948年）。1920年8月19日，李大钊在来今雨轩的茶话会上指出，两年来世界思潮倾向明显，国内社团林立且旗帜鲜明，学会也有明确"主义"之必要，"主义不明，对内既不足以齐一全体之心志，对外尤不足与人为联络之行动"（《少年中国学会消息》，《少年中国》1920年第2卷第3期）。1918年11月28日至30日，北京大学师生为庆祝协约国胜利，每天下午在中央公园举行讲演会。李大钊的演讲向民众说明胜利的本质，在政治上是民主主义战胜专制主义，在社会上是劳工主义战胜资本主义，归结起来都是"庶民的胜利"。为将五四运动推向深入，1919年6月9日陈独秀和李大钊起草《北京市民宣言》，要求北京政府维护国家主权，保障民众权利，声称若政府不愿实现市民的希望，"我等学生、商人、劳工、军人等惟直接行动，以图根本之改造"。当晚，陈独秀和高一涵到印刷所将宣言制成传单，第二天下午在中央公园的茶座暗中散发。传单引得茶客们大声叫好，同时也招来军警的注意，11日下午在新世界散发传单时，陈独秀被埋伏其中的暗探抓捕。入狱后他把监狱当作研究室，潜心钻研马克思主义理论，总结俄国革命成功的经验，更加坚信马克思主义。1920年10月李大钊等在北京大学成立中国共产党早期组织，积极开展党团建设。他们不仅指导工人运动，发展工人党员，还通过公开辩论或私人谈话等方式在知识分子中宣传马克思主义。来今雨轩的精英活动氛围可以为早期中国共产党人提供身份掩护，便于联络各界精英中的进步人士，共同发起群众运动。

第六，京派美术展览活动的中心。从成立至全面抗战爆发前的中山公园见证了美术展览、社团、院校、画报的萌芽和发展。作为京城最早的公共空间，中山公园被赋予了诸多社会职能，逐步成为京派美术活动的中心。1928年9月7日重组的公园董事会呈奉市公署核定的《中山公园委员会章程》第十条规定：每三个月编制事务、会计报告，每年编制年报。由此开始可以看到官方记录的美展信息，1942年，园方统计了团体组织170场美展。但实际数量远不止于此，1937年北平被日军侵占前至少有三四百场，整个民国时期不少于一千五百场。中国画学会、湖社、四宜社等多个美术、摄影社团都在中山公园举办了展览。中山公园在一定程度上见证了民国时期美术展的萌芽和发展，为近现代中国美术的发展起到了重要推动作用。

中山公园美展第一个重要标志性事件是京师赈灾书画展。1917年京畿水患。"丁巳十二月一日，叶玉甫、金巩伯、陈仲恕诸君集京师收藏家之所有于中央公园展览七日，每日更换，共六七百种……"这是陈师曾《读画图》中的题跋，记录了园内最早有明确记载的现代书画展览会。这次展览一定意义上是中国近现代史上第一次重要的书画展。首先，它是一次真正的近代意义上的展览会，面向大众开放，只要买票就可以参观，而不是局限在少数文人雅集。其次，这次展览会展出了民国初期北京最重要的书画鉴藏家的珍品。叶恭绰、金城、陈汉第为此次收藏展的召集人，参加展览的二十九位均为北京民国初年书画鉴藏家。倡办者、参与者日后都与中国画学研究会有着密切联系。同年12月8日至9日园内又举行了第二次冀州五县水灾义赈会。1917年12月6日《大公报》（天津版）中《中央公园又开游艺大会》一文载："犹有琉璃厂各大书画商陈其极品开书画展览会，闻尽稀世罕见之品。"

1917年和1920年的"京师书画展览会"是艺术助赈大潮中非常重要的展览，是京派画坛具有开创性的大事件。这一时期京派画家的力量相对分散，已有的宣南画社、北京大学画法研究会等尚无成熟的组织领导，一大批近现代著名画坛巨匠如齐白石、张大千等还未在京崭露头角。五四运动之后一批文化名人开始捍卫传统文化，为中国画寻找出路，中山公园势必成为重要阵地。首先，传统书画资源通过展览会向公众开放，客观上促进了文化艺术在社会上的传播。两次展览会规模盛大、水平极高，并且出版了《京师书画展览会展览目录》《京师第二次书画展览会出品录》。在封建社会，文化产品属于皇室和达官显贵或少数文化人的物质和精神财富。1914年，随着中央公园的开放，传统艺术资源展示有了一个面向大众的窗口，是大众艺术启蒙的发端。其次，社会精英在艺术助赈中参与公共事务，成为现代公民教育的一部分。蔡元培先生在《何谓文化》中写道："教育并不专在学校。学校以外，还有许多机关，第一是图书馆……其次是展览会……"助阵书画展除了观赏艺术内容本身，也包括对参观民众进行社会教育的公益属性，美育兼德育。在募捐资金的同时，聚集社会力量，形成良好的社会效益。展览会既是聚集资金的一种渠道，也是动员更多公众力量关注参与赈灾事务的一种形式。艺术家们通过参与赈灾书画展览会，表达了自己对社会公益事务的责任感，也有助于树立其良好的公众形象。同时，两次展览会将中山公园塑造成为重要的美术展览场所和交易场所。中国文人对于公开出售作品并不引以为傲，然而，冠以慈善性质的书画展成为书画市场的一种过渡。

这样盛况空前的书画赈灾展览活动，为中山公园打上了美展的烙印。此后，园内相继举办了多场赈灾书画展，通过门票或卖画筹款。如1920年9月26日中秋节，华北救灾协会举办游艺大会，设有书画展览；1920年10月16日至18日，顺直旱灾救济会筹赈会开赈灾游艺会，特设书画古物赈灾展览会；1921年2月25日至27日由税务处发起、大总统担任名誉会长的京兆募赈游览会在中山公园举办；1921年11月5日至7日举办游园书画金石展览会，1921年10月16日至18日江苏水灾筹赈会开游艺助赈会。中央公园成为艺术家开展交际、交流，并通过艺术助赈参与社会事务的重要公共空间。

中山公园不仅仅是一个放松自我的场所，还是一个多功能的环境。人们来中山公园几乎每一个人都可以找到属于自己的活动——娱乐、教育、商业、文化、社会、政治活动。中山公园就是这样从一个荒芜的祭坛成为一座城市公共园林，它的诞生从一开始就是社会变革的产物。2024年，它即将迎来对公众开放110周年华诞。它是首都公园从无到有，从小到大，从弱到强，不断发展，不断壮大，不断取得新成就的历史见证。

（作者为北京市中山公园遗产办公室主任）

　　北京中山公园前身是明清时期的社稷坛。社稷坛是中国现存最为完整的古代皇家祭祀太社（代表土地）和太稷（代表谷物）的建筑群。明清皇帝每年的农历二月、八月上戊日例行在此举行祭祀仪式，祈求五谷丰登、国泰民安。伴随着清帝退位，延续了五百多年的皇家祭祀活动就此终结。古老的社稷坛迎来新的开端。

第一篇

机 构

此题名碑原镌于公园南门过厅西壁的两块嵌石上。至1938年8月，石上题名已有机关、单位22个、董事个人332人，以及吴承湜撰写的董事题名跋。1970年拆除嵌石。公园存有民国时期拓片2幅。

1914年9月，朱启钤正式向北洋政府建议，将社稷坛开辟为"中央公园"。然而，北洋政府以财政紧张为由拒绝出资。于是，朱启钤主持、倡导，邀集军、政各界及旅京绅商98人为发起人，向热心公益人士及社会团体发起募捐，筹措建园资金。各发起人均有捐助，朱氏自己即捐款大洋1000元。捐款的政府机关、机构有交通部、财政部、中国银行、交通银行等。京津士绅商贾需每年捐赠50元大洋，方可成为中央公园管理局董事会成员，法人捐赠至少是500元。

经两次募捐，获款大洋5万余元，辟建公园的工程得以顺利开展。公园最初的整治兴建，均有赖朱启钤以内务总长兼市政督办名义指挥部、所工役工作。为方便办公，临时将南坛门外东侧的三间小屋设为办公地，朱启钤题名"一息斋"，取自朱熹"一息尚存，此志不容少懈"。

1915年3月21日，在市政公所的委托下，公园召开了第一届董事会议。由旅京绅商组成董事会，共选定常任董事43人，推举朱启钤为首任会长，治格为副会长，拟订《中央公园开放章程》计12条，4月5日经内务部批准公布后，公园的一切事务即由董事会经营管理。

董事会办公处

1915年，在来今雨轩以东建北房五间，为董事会议事场所。门前可见两块牌匾：左侧为本园董事委员会办公室、右侧为北平市市民小本借贷监察委员会。北平市小本借贷处、1934年4月创办、是北平市政府与金城银行合作的贫民救济机构。下设理事会及监察委员会、其中监察委员会专司监察查账事务。

董事合影

三幅董事合影照片，分别拍摄于20世纪10年代、20年代、30年代。

朱启钤先生一生事业创建甚广，但他对中山公园的建设发展尤为珍惜与看重，他自言："余从政数十年，因缘时会，创者、因者，虽不一端，而跋前疐后，隳弃垂尽，都未尝一顾，独于斯园之建置，流连不已者。"他为建设发展中山公园倾注了巨大精力，对公园的兴衰进退时时牵挂于心，充满深切的感情。

壹
贰 叁

翔董　玉孟　蹻治　桂朱
周董　　副　　副　　辛會
　事　雙主　清會　　長
　　　　席　　長

1915 年 5 月，朱会长与治副会长、孟副主席、董董事来园视察公务后在西坛门外土山旁合影

影合會大事董園本月二年七十國民

梁 董 于 陸 吳 鬮 華 伍 衛 蔣 王 朱 常 傅 陳 吳 張 孟 方 陳 傅
節 翔 治 渭 甘 霍 通 少 心 性 贏 桂 　 沅 介 鎰 肋 玉 灌 劍 子
卿 周 昂 漁 侯 初 齋 垣 微 而 侯 辛 　 叔 卿 潭 伯 雙 青 秋 如

1928 年 2 月本园董事大会合影

影合員委會員委日九月十年八十二國民

徐 劉 汰 朱 朱 吳 朱 程 湯 樂 惲 常 關 祝 王 吳 張 魏
仲 一 治 桂 文 甘 俠 雪 頤 印 公 劍 燕 竺 宜 扶 怡 子
琳 峰 承 辛 極 侯 黎 垞 公 孫 子 齋 平 樓 君 青 軒 升
　 　 　 前 後

1939 年 10 月委员会委员合影

此记为朱启钤撰写，1928年脱稿。由董事孟锡珏手书，镌于南门过厅东壁两块嵌石上。1970年拆除嵌石。现存拓片2幅。

兴建公园过程中，适逢朱氏主持改建正阳门、撤除大清门内千步廊朝房。为节省建园费用，取拆千步廊朝房的旧料修建园内房舍、长廊。为此流言四起、阻力横生，或说"坏古制、侵公物"，或说"好土木、恣娱乐"，甚至有人说破坏了京城风水，一时满城风雨，给朱氏以极大压力。但他不顾谤言，处置大度，坚持已作。从9月中旬开始，仅以十几天的时间，清理庭园、辟建南门、平修道路等工程均大致完工，1914年10月10日正式对外开放，初名中央公园。市人观后舆论大和，流言不攻自破。

朱氏主持公园修建工程速度和节俭程度也颇为惊人。从1914年9月动工至1916年两年内，辟门修桥、凿池堆山、造景筑路以及各处堆砌山石、栽植花木等工程项目，均告完竣。如此巨大工程，可谓快速。而费用上，按当时常理推测，少则需10多万到20多万元，但在朱氏主持下、群策群力、通力合作，只花了6万余元。虽然工程中利用了拆千步廊的旧料和调用了内务部、交通部的一些工役劳力，但也足以说明主事者的刻意节俭。

中央公園記

民國肇興與天下更始中央政府既於西苑
闢新華門為敷政布令之地兩闢三殿觀光
闡溢而皇城宅中宮牆障塞乃開通南北長
街南北池子為兩長衢禁藥既除熙攘彌便
乃於民國三年十月十日開放為公園以經
營之事委諸董事會園規取則於清嚴偕樂
不謬於風雅因地當九衢之中名曰中央公
園設園門於天安門之右綺之右步可達西拓
達架長橋於西北隅俯瞰太液直趨西華門
俾遊三殿及古物陳列所者跬步可達迤邐
繚垣收織女橋御河於園內南流東注為山
以出皇城撤垣引渠為池累土為山更劃
花塢水榭映帶左右有水木明瑟之勝畫
榜曰公園董事會為董事治軍之所設行健
端門外西廡朝房八楹略事修葺增達聽事
會於外壇東門內馳道之南為公共講習體
育之地移達禮部習禮亭與內壇南門相值
其東建來今雨軒及投壺亭西達繪影樓春
明館上林春一帶廊舍復達東西長廊以救
暑雨遷圓明園昕遺蘭亭刻石及青雲片青
蓮朵峯芝繪石分置於林間水次以
供覽賞其此歲市民所增築如公理戰勝坊
藥言亭噴水池之屬更不遑枚舉矣北京自
明初改建達皇城置社稷壇於闕右與太廟對

壇制正方石墈三戌陛各四級上戌用五色
土隨方築之中埋社主墻垣甃以琉璃各如
其方之色四面開檻星門外北為祭殿又
北為拜殿西南達神庫神廚壇門四座西門
外為犧牲亭有清因之此甍我國數千年來特
重土地人民之表徵今於壇址務為保抒俾
致古者有所徵信焉環壇古柏井然森列大
都明初築壇時所樹今園丈八尺者四株丈
五六尺者三株斯為最鉅丈四尺至盈丈者
百二十一株又已枯者百餘株圍
五尺者二百四十餘株不盈丈及
為金元古剎所遺此外合抱槐楡雜生羊後
徵既殊年紀可度最鉅七柏皆杜壇南相傳
而一旦復觀明社之舊故國興亡益感懷於
草無所不在列夫禁中嘉樹盤礡欝積幾晶
者尚不在部自今封殖之任不在群眾
喬木繼自今封殖之任不在群眾惟邦人
斯尤啟鈐所不能已於言者啟鈐於民國三
四年間長內部適政餘暇所繫始斯園
園中庶事決於董事會公議凡百興作及經
常財用由董事蝠集月劃已途十
君子愛護扶持勿俾後人有生意婆娑之歎
稔董事會諸君子以待謹述緣起及斯壇
租息官署所補助者蓋鮮歲月駸駸已途十
故茲將來後之覽者庶有可孝鏡也

中華民國十四年十月十日　紫江朱啟鈐

壹
貳

第二篇

建 筑

第一节　明清建筑

社稷坛被辟为公园前，坛内无山无水，无亭台楼榭，只是坛外四周环植柏树，坛内无树。遗留的建筑有社稷祭坛及墙垣、棂星门，北有拜殿、戟门，西侧有神厨神库，环有坛墙。西坛门外以南有宰牲亭及部分院落。

社稷祭坛

清末社稷坛已荒废，坛内杂草丛生无人维护。1913年2月，时任北洋政府交通总长的朱启钤巡视至此，见坛内场地宽阔、殿宇恢宏、古柏参天，且地处天安门侧，交通便利，深感如此名地废置可惜，萌生了将社稷坛辟建为公园的想法。

1913年10月朱启钤调任内务总长。次年春，热河行宫的古物陆续运来北京，在商议安置办法时，朱启钤建议由他出面与清室交涉，在清室暂不能迁居颐和园的情况下，将三大殿以南除太庙以外的各处划归政府管辖，以便在各殿阁安置古物，清室改由神武门出入。交涉成功后，社稷坛这片地区即由北洋政府接管，给将来改建公园创造了条件。

社稷壇（中央公园）风景之一

社稷壇（中央公园）风景之二

壹
—
贰

民国初年，荒废的
社稷坛
〔选自《市政通告》
（1914—1925年）〕

1922 年内坛南侧

向北可见社稷坛墙墙及四座棂星门，此时尚有木制门楣、拜殿纸质窗棂

1923 年前后内坛南侧
1923 年，拜殿改玻璃门窗，
棂星门木制门楣已拆去。沿
内坛南主路两侧增设座椅供
游人休息。

1923 年后的社稷祭坛，仍可见棂星门上葫芦形铁架

1938 年 3 月 28 日以后的社稷祭坛
社稷祭坛位于内坛核心区，三层，上层按东青、南红、西白、北黑、中黄铺设五色坛土，俗称"五色土"。

北棂星门。社稷祭坛墙垣四面中间各设一棂星门，白石筑成，门洞高2.8米、宽2.55米，门柱下内外有抱鼓石，每门原设棂星式朱扉两扇，此时已无存。

拜殿（中山堂）

拜殿是明清时期祭祀日遇风雨时行礼之处。无风雨时，为设置御幄之所。《北京古建筑》称："史料中未发现被毁或重建的记录，可能是北京现存明代建筑中最古老的一座。"1957年10月28日公布的《北京市文物保护单位名单（第一批）》"社稷坛（中山公园）"条目描述："社稷坛保留明代规制，拜殿为原来建筑，至今已五百余年，是北京现存最古老的建筑之一。"

1925年3月12日，孙中山先生在北京逝世，在拜殿停灵并举行公祭。1928年，"为使北平有个永久纪念总理的地点"，河北省政府北平特别市政府决定，将拜殿改建为中山纪念堂，为北京重要纪念孙中山先生的场所之一。中央公园改名为中山公园。

改建后的中山堂，堂内正中置讲台一座。台前设有弧形须弥座、座心雕市花，台两侧各有台阶，台后设木制壁障，为悬像、挂图之用。座椅为铁腿木面连椅，以扇面形陈列于讲台前，可供600人入座。工程从1929年3月10日动工，至5月15日竣工，5月23日8点20分举行落成典礼。

1928年6月，公园颁布了《中山堂借用章程》，其中规定："本堂供奉总理以庄严肃敬为主，凡设宴、庆吊、游艺、娱乐等集会概不借用；凡遇公园开放之日，因保持本堂之严肃，私人概不得借用；除因总理各纪念日举行纪念会外，以招待或讲演学术为限，人数均不得超过本堂座位600之数。"

此后，中山堂内多次举办政治集会及纪念活动。如：1931年9月30日，北平市民众学校联合会在中山堂召开反日大会。民国时期，中山堂曾举办各类展览。据《中山公园事务报告书》记录，1928年至1942年间，中山堂举办各类展览8次。

1937年至1945年日本侵占北京时期，中山公园又改名为"中央公园"，中山堂改为"新民堂"。1945年8月日本投降以后，随着中山公园园名的恢复，新民堂亦恢复了中山堂的名称。

壹

1938 年至 1945 年间的中山堂

大殿西北侧为 1919 年建成的监狱售品所，用于展售京师第一、第二监狱的手工产品。据《鲁迅日记》载，鲁迅先生曾购买监狱手工产品："1919 年 7 月 23 日……往中央公园观监狱出品展览会，买蓝格毛巾一打，券三元。"

贰

1938 年至 1945 年间的中山堂东北侧

壹

1938 年至 1945 年间的中山堂前香炉

明清时期社稷坛原有香炉 4 尊，分置于祭坛北阶、北墙外东西两侧。民国末年仅存乾隆年造 2 尊，置于社稷祭坛北阶下。

贰

1938 年至 1945 年间的中山堂内

神厨、神库位于内坛西南隅。神库原用于安放太社、太稷、后土勾龙氏、后稷氏神牌、神龛及有关各种陈设、祭器等物品。1916年由内务部主办，在神库内设卫生陈列所，占房5楹，隶属京师警察厅。1928年归属北京市公安局卫生科。1933年11月北平市卫生处成立（后改卫生局），改属卫生处。

卫生陈列馆以向市民宣讲卫生常识为宗旨，对宣传、普及卫生常识起到较大作用。陈列的展品分衣服卫生、饮食卫生等10个组。具体的陈列内容有食物、器物、肌肉内脏等各种解剖实物、模型、挂图以及各种草药、菌类、书籍、标本。开办初，售票参观，每券铜圆4枚，后改免费参观。卫生陈列所于1950年10月经北京市批准扩大为卫生教育馆。

神厨原为明清社稷坛祭祀制作祭品、存放各种厨具之处所。民国时期，柳树井的三善水会在神厨内建立分会，是专为保护社稷坛而常年驻防的水会。

神库、神厨

宰牲亭

亦称打牲亭，建于1420年，位于西坛门外以南。北、西、南三面原围以矮墙，墙之东端与坛墙相接。北有宰牲门一座，为祭祀屠宰牲畜使用。1914年辟园时，将已残败的奉祀署和宰牲亭的矮墙拆除，只保留亭和宰牲门，并在亭的金柱间添设门窗隔扇、重新油饰彩画，用作经营茶座。著名昆曲名家白云生曾在此办昆曲研习社。

宰牲亭畔枯柏紫藤

照片中可见古柏树干张贴有"雪庐国画社展览在春明馆"等告示。雪庐国画社成立于1933年前后，为民国早期画艺教育机构。据民国时期《立言画刊》《三六九画报》《世界日报》等报刊记载，自1939年4月至1944年9月，雪庐国画社在中山公园举办成绩展、扇面展等10次。

打牲亭旁之壽丹

宰牲门

寿丹，即连翘。

南坛门

亦称南天门，是明清时期皇帝遣官代祀的必经门户，原先为单门洞。照片中门洞左侧挂有"北京市卫生局卫生陈列室"牌匾，即神库内的卫生陈列所。新中国成立后，因游客量增加，且此门是游人进入内坛游览的主要通道，出于安全考虑，经北京市政府批准，在南坛门门楼左右的坛墙上各增开门洞一座。

社稷坛南门外古柏之一

习礼亭

建于1420年，原址在正阳门内兵部街鸿胪寺衙门内，是明清专为初次来京的文武官吏、少数民族首领和藩属国贡使等演习朝见皇帝礼仪之用，故名习礼亭，亦称演礼亭。1915年4月至6月，习礼亭由盐务署移建到中央公园（今中山公园）南坛门外路南迎面处，坐南向北。1938年10月曾在亭内举办陈剑秋捐赠给公园的秦砖汉石等物品展览。

习礼亭

習禮亭暨公理戰勝坊

1929 年后的习礼亭及不远处公理战胜坊、蔷薇花廊

第二节　民国建筑

建园初期，为启迪民智，在园内新建、移建了格言亭、公理战胜坊这类明志、纪念性建筑。同时，为使市民游人能有一个休憩娱乐场所，先后建成来今雨轩、四宜轩、春明馆等餐馆茶座，迎晖亭、松柏交翠亭、茅亭等园林建筑，还有专为游客四季赏花之用的唐花坞、提供摄影服务的绘影楼、举办各类展览的水榭等。

一

明志纪念

格言亭

建于1915年，初建在南门内。1918年整体移建到北坛门外。因其八根方亭柱的内侧各镌刻贤格言一则，故名格言亭，又称药言亭或药石亭。此亭为时任总统咨议的雍涛捐建。

1915年初建于南门内的格言亭
可见东北侧两石柱格言："孟子之言曰：国之本在家，家之本在身；程子之言曰：主一谓之敬，无适谓之一。"

1925 年后格言亭
（西向东望）

可见东侧两石柱格言：
"孟子之言曰：国之本
在家，家之本在身；
朱子之言曰：尽己之
谓忠，推己之谓恕。"
不远处为1925年在公
园东北门内迎门路中
堆砌的假山。

贰

格言亭（南向北望）

可见西北侧石柱格言：
"子思之言曰：温故而
知新，敦厚以崇礼。"
东北侧石柱格言："孟
子之言曰：国之本在家，
家之本在身。"再北可
见御河围栏。

格言亭之一

1937年8月后的格言亭及北坛门

可见西侧一石柱格言："阳明之言曰：知是行之始，行是知之成。"左侧北坛门前，左右各悬挂有"北京市卫生局卫生陈列室""北京市通俗图书馆"牌匾。该图书馆于1916年创办，坐落于戟殿。初名图书阅览所，1937年8月以后更名为"北京市通俗图书馆"。

公理战胜坊

1918年第一次世界大战结束，将原东单大街的"克林德"碑坊移建中央公园内，改称"协约公理战胜纪念坊"。石坊为三间、四柱三楼。柱方形、木质斗拱、蓝琉璃瓦顶、大额枋上镶三块石匾，正面中间额题"公理战胜"四个大字，为许宝蘅书写。左右石匾上刻移建石坊的日期，东边为"中华民国八年三月十五日"，西边为"西历一千九百十九年三月十五日"。背面用拉丁文和德文撰写，中西文均为鎏金字。

移建石坊工程，由内务部主持，京都市政公所成立"协胜纪念工程筹备处"组织施工，1919年3月2日动工，1920年5月竣工，同年7月4日举行"北京协胜纪念坊"落成典礼。

1928年至1938年间的公理战胜坊南面其北面可见由春明馆租用销售卷烟的扇面亭。

壹

贰

1927 年后的公理战胜坊北面

其南面可见五爪石灯台及石栏杆。

二 休闲玩赏

来今雨轩

20世纪二三十年代，许多活跃的文化、书画界人士对中山公园来今雨轩尤为偏爱。据考证，当时在来今雨轩成立创办的各种学会、研究会就有十余个，其中较有影响的有：1921年1月4日，由郑振铎、沈雁冰、叶圣陶、许地山等12人创办的文学研究会；1925年4月12日，由蔡元培、梁启超、陶行知等56人发起成立的中国图书馆界协会；1949年7月21日成立的"中国美术家协会"等。此外，中国第一个业余摄影家组成的艺术联盟——北京光社，曾在来今雨轩连续举办摄影照片展览；语丝社常在来今雨轩组织"语丝茶话"……来今雨轩已不仅仅是一座普通餐馆，更是当时京城文化圈重要活动的首选去处。

1926年前的来今雨轩
位于内坛墙外东南角。厅前平台周围砌矮花墙，中间独置太湖石一座。建成后本拟作俱乐部，实改作餐馆及茶社，招商经营。

1926年后加装罩棚后的来今雨轩

1926年，来今雨轩在大厅前建铅铁罩棚七间，棚下摆放桌椅茶座。每逢春末夏初，不远处的牡丹盛放，游客可边品茗边赏花。

投壶亭

建于1915年，在东坛门外以南平地建亭。亭子设计式样别致，采用勾连搭形式，当中3间，两侧各1间，平面呈"十"字形。初建时为平灰顶、方柱，1926年，重新翻建油饰，将平灰顶改为起脊瓦顶，仍为木结构。修建此亭原拟作投壶游戏之用，但自建成以来并没进行过投壶游戏。一度由来今雨轩餐馆租用，销售茶水和小吃，后仍为游人游览休息之处所。

1920年，天津觉悟社社员曾在此开会。

1926 年后的投壶亭

四宜轩

1919年，建于外坛西南隅，原有4间关帝庙，在原房后檐增建3间，使原"T"形房呈"工"字形房，取名"四宜轩"。

1926 年的四宜轩

春明馆

1915年建于外坛西南隅。私商承租，经营茶水、小茶食如山楂红、豌豆黄等。另设有围棋、象棋，供茶客消遣对弈，还可开办各类书画展览。有东向平房5间，卸下前窗即成敞轩。以北建游廊6间、建重檐正方亭一座。同时还承租了路东的宰牲亭和碧纱舫扩大营业，租用南大门内以北的扇面亭作为销售卷烟的支店。1949年破产停业。1970年拆除。

雪景之八（春明馆亭廊）

春明馆亭廊

绘影楼（同生照相馆）

1915年，建于坛外西南隅路西，为西洋式二层楼房一座，东向。翌年由同生照相馆承租，在此开设分号，经营照相、照相器材及风景图片业务。期间曾拍摄名伶梅兰芳"各等之乔装像"以及新当选的黎元洪大总统、段祺瑞国务总理等社会名流肖像等。1924年底，孙中山应冯玉祥之邀北上，共商国是。在孙中山抵达之前，旅京广东同乡组织了"欢迎孙公中山筹备大会"，地址就设在中央公园同生照相馆。此后，同生照相馆还拍摄了孙中山逝世后的公祭仪式、奉安大典等。

1935年10月，绘影楼同生照相馆分号停业止租。1936年3月由商人李紫绶承租原有房屋，开设中央照相馆，仍经营照相和照相器材业务。1949年由吴健之承租中央照相馆继续经营照相业务。1958年9月中央照相馆迁出。1970年绘影楼被拆除。

1915年至1924年间的绘影楼东门
绘影楼正门右手边悬挂"同生照相"招牌，东门外还未建成与东侧兰亭碑亭连接的长廊。

1936 年 3 月后的绘影楼南门，上悬挂"中央照相"牌匾

繪影樓

水榭（展厅）

　　水榭位于公园西南隅荷塘南岸，1916年夏秋间建成。初建时为三合院式环厅、中式建筑、内外建游廊、砖木结构。金碧彩画、玲珑典雅、曲栏半探池中、荷香水绿、雅趣横生。水榭自建成后，曾多次开展各类展览、文宴笔会等活动。1928年至1942年间，在水榭举办展览36次。在园内举办的众多展览中，1931年3月21日、22日在公园水榭举办的圆明园遗物文献展览会，是近代中国圆明园保护和研究事业发展的一个关键节点。这次展览会在当时产生了广泛的社会影响：一方面其所构筑的纪念空间重塑了有关圆明园的历史记忆，增强了人们对圆明园被英法侵略者烧毁这一"国耻"的认知；另一方面推动了圆明园学术研究和保护工作的开展，在一定程度上提升了社会各界的文物保护意识。此外，水榭曾多次举办修禊活动。

水榭雪景

壹

贰

雪景之五（水榭及四宜轩）

壹
壹
雪后的水榭及西北侧
的四宜轩

贰
夏日的水榭

水榭全景

壹

水榭南侧及东侧银丝沟
砖桥

贰
1931 年北平中山公园之
圆明园遗物展览会
（选自：《北洋画报》）

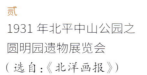

◁北平中山公園之圓明園遺物展覽會▷　●李鋈生攝●

1915 年，在公园南坛门外西南处，以砖木结构建唐花坞一座。"唐"通作"塘"，为用火烘焙之意；"坞"则是指水边的建筑。唐花坞这座建在水边的温室，专为游客四季赏花之用。1936年在原址改建为钢筋混凝土结构。

1915 年至 1935 年初建时的唐花坞近景

壹

1915 年至 1935 年，初建时的
唐花坞远观雪景

初建成时，唐花坞为砖木结构，坐北朝南，东西两侧向左右斜向延伸展开，南面和屋顶均装有玻璃窗，使花坞内尽可能多地接收阳光。室内筑有地炕，用于冬季取暖。这样的室内外设计使花坞内四季如春，一年之中不论何时都有花可赏。

雪景之二（唐花坞）

贰

1936 年改建后的唐花坞远观雪景

改建为钢筋混凝土结构的唐花坞，当中一间为盝顶重檐八角亭，屋顶铺设孔雀绿琉璃瓦，其间脊吻、蹲兽皆全，下饰红柱、红门窗。飞檐斗拱，红柱绿瓦，雕梁画栋，加之门前堆叠的山石，整体格局典雅别致，自成一景。

唐花坞之一

1936年改建后的唐花坞近景

唐花坞门前东西向叠砌山石造景，蜿蜒起伏，高低错落，成为游人观花赏景的好去处，游者多在此处驻足留影。

唐花坞前桃华之一

壹
唐花坞前盛开桃花

唐花坞前桃华之二

贰
自水榭北望唐花坞
水榭与唐花坞隔水
相望，互为补景，
可谓"花坞水榭映
带左右，有水木明
瑟之胜"。

花 唐 坞 花 唐

贰
唐花坞的"塘花"
据1939年2月21日《中央公园廿
五周年纪念刊》记载，春节期间
唐花坞通过花期控制技术，使
本应在4月至5月开放的牡丹等
花卉于春节开放并展出。

唐花坞内部

1936 年后的唐花坞内景

唐花坞改建后，内设暖气、装电灯、置花架，四季陈列名贵花卉。居中处筑有圆形水池一座，池内置"涵水石"。据记载这座山石采自易州西陵山谷中。山石质地松脆，含水分极多，自生绿苔非常可爱。石上设喷水器长年不断浇灌，既可使游客于僻静处听潺潺流水，又可滋润山石使其常年苔绿如茵。

行健会

　　1915年，中央公园公园董事长朱启钤发起成立"行健会"，为京师首创公共讲习体育的场所。设有棋类、台球、网球、投壶、弓矢等项目，并聘请武术教师教练拳术、剑术。此外有报刊阅览室、沐浴室、烹茶室等。参加行健会无论何人，只要履行入会手续，定期缴纳一定数量的会费，即可成为会员。凡会员发给会员证，凭证可免费进入公园并享有使用、参加行健会一切设施活动的权利。

　　初期每人年缴纳会费12元，会员一百多人，盛时会员达数百人。1940年以后，又增加排球、篮球、乒乓球、羽毛球，均为会员自己筹款置办。著名京剧演员程砚秋、金少山、叶盛兰经常来此打太极拳。来此打网球的会员还组成行健会男女网球队，时常与欧美同学会等球队比赛。行健会于1951年初解散停办，建筑收回另作他用。

1926 年行健会旧址，位于公园南大门内东侧

《行健会刊石记》碑刻拓片

1937年1月刻，由教育总长张一麐（lín）撰文，
许拜五书写，陈云亭刻。

东洋式亭（松涛啤酒亭）

　　1914年，于西坛门外土山以北、南北向道路以西柏树林中，建东洋式亭一座，供游人休息。1947年由飞马牌啤酒公司租用出售啤酒，此后人们习称该亭为松涛啤酒亭。1978年拆除。

东洋式亭

迎晖亭

1918年，利用旧柏木为柱、石板为瓦，于西南山山腰朝阳的山坳处，坐西朝东建方亭一座，供游人休息，名迎晖亭。此亭三面环山一面临水，以石阶引至塘边甬路。亭内中央以片石堆砌石桌，四周围放4块石墩，檐下悬挂华景颜书"迎晖亭"匾额，亭周依山势堆砌山石。1970年拆除，1971年在原址改建新亭。

迎晖亭近景

迎晖亭远景及周边叠石

雪景之七（迎晖亭）

茅亭

1914年9月，利用拆除的宰牲亭矮墙及奉祀署的旧房垣渣土，在西坛门外稍北处堆成土山，种植花木，山顶建茅亭一座。亭方形、茅草顶、用旧檩、椽子、木枋建成，亭内四周设座凳，供游人休息用。

茅亭雪景

松柏交翠亭

为平衡全园景观，开辟东部景区，1915年在东坛门外古柏林中，堆土布石为山，上建重檐六方亭一座。初建时为筒瓦屋面，下檐柱间设靠栏座凳，东西两面出入，与甬路衔接，环亭堆置太湖石点景，山上遍植油松花木。山石系日本专家堆造，其构思、手法、布局别具特色，"看似寻常最奇崛，成如容易却艰辛"。

1930年9月以后，六方亭改换为绿琉璃瓦顶，内外全部油漆，饰以苏式彩画，安装电灯。命名为松柏交翠亭，由金梁题匾。

1930 年前的松柏交翠亭

1930 年前的松柏交翠亭

初建时的松柏交翠亭以及堆叠的山石。

壹 贰 叁
肆 伍 陆

改建后的松柏交翠亭
照片中依稀可见亭内东北侧悬挂的"松柏交翠"匾额。

"松柏交翠"题字
1930年由金梁题写。金梁（1878—1962年），号息侯，杭县（今杭州）人，寄居北京。满族正白旗瓜尔佳氏。近现代著名满族学者、画家，工书法，擅篆、籀。著有《四朝佚闻》《奉天通志》《中国书画著录书》等。

壹｜贰

松柏交翠亭

壹

贰

改建后的松柏交翠亭

长廊

　　1924年，开始在公园南部东西两侧修建长廊，既可遮蔽风雨、供游人休息，又可将园内南部景观相连。经不断增建，至1931年时，园内有长廊231间。以公园南门门厅为中心，向东西两侧延展开来，蜿蜒曲折，自成一景。1970年全部拆除后，按原结构重建。不同的是廊内不吊顶，改为"彻上明造"。

东部靠近行健会及来今雨轩的长廊
东侧长廊沿行健会西侧继续向北延展至来今雨轩，其间穿过牡丹畦，若值花期，游人可于长廊中观赏牡丹。

壹　贰　叁

會健行

南西會健行

望北西前池水喷

望東後籠雀孔

望南

知樂籤旁之長廊北望

西部蜿蜒曲折的长廊
西侧长廊经"知乐籤"养鱼处向西，穿过唐花坞、兰亭碑亭直至绘影楼前。

壹 贰 叁
肆 伍 陆

室 溫

警 察 所 後 西 北 望

　　1917年，随云片石运来的圆明园遗物兰亭碑石一方，于绘影楼前建敞厅3间，为陈列碑石用，取名兰亭碑亭。

蘭亭碑前東

第三篇

花 木

中山公园展养名花种类很多，正所谓"稷园花事"。20世纪二三十年代，旧京许多著名的赏花胜地都不复盛况，如法源寺的丁香、崇效寺的牡丹等。而"稷园花事"逐渐在京城各花事中独占鳌头，除唐花坞全年展览四时珍贵花卉外，每到春时，园中牡丹、芍药、菊花、榆叶梅、海棠等花团锦簇、满园飘香，吸引了众多本地和外地游客。从1931年始，北宁铁路为来京观花旅客乘车减价。此后，每逢春花时，公园都致函北宁路局、市内各饭店及园内各商号，给予来中山公园观花的游客优待。

公园南坛门外的7株古柏，相传为辽代兴国寺遗物，故称"辽柏"。辽柏东侧，有一株槐树从一柏树内长出，形成柏树环抱槐树之姿，成为奇观，谓之"槐柏合抱"。

哈奎秀
（选自《中央公园廿五周年纪念刊》）

壹 | 贰

第一节 古树名木

古柏

园内古树以柏树为主，遍植于外坛四周，形成环坛柏树林带。大多为明初建坛时所植，至今已六百多年，更有南坛门外7株辽柏，现仍盘礡葱郁，井然森列。

1928年至1938年间的南坛门外古柏
照片中背手站立者为哈奎秀，曾任中山公园事务所收支员、管理员。1949年4月18日，北平市军事管制委员会正式接管中山公园。同年5月20日，哈奎秀将清点后的各类清册9本移交工作组。

环坛南路古柏及园内看守

社稷壇南門外古柏之二

古槐

据1938年统计，园内曾有古槐23株，其中最巨者数园之东南隅社稷街门内的两株古槐。围径4.5米、上生三干、左右下垂、枝叶葱茂、主干已空心，以砖泥填实。清乾隆时，侍郎钱载（字箨石）在陪祀时观此二古槐后曾作社稷坛"双树歌"。其树龄在民国时期应有四五百年。新中国成立后因古槐长势很弱、大部空洞危险，1963年之前全部伐除。

西南隅古槐

壹

贰

社稷街门前古槐树

此为天然形成的"槐柏合抱"。据1938年丈量，柏树径围3.07米、槐树径围1.27米，从干径长势看历时有百余年。

第二节　名优花卉

1915年社稷坛墙墙外的东南、南、西三个方位建国花台26座，为砖砌、上沿及四边抹水泥。起初专用于栽植牡丹，但由于牡丹花性宜凉怕热、喜燥恶湿、怕烈风酷日，不宜在台上栽种，于1916年将牡丹移于坛外树荫下分池栽种，台上改栽芍药，盛时种植达3350株。

芍药之三

　　国花台以南为芍药圃，设计为大小相等的4个正方形花池群，每个花池群中，以篱笆分隔成大小不一、形状各异的花池，其间地栽芍药。品种有金带围，花的上下瓣为粉红色，中为数十黄瓣；黄色有御黄袍；粉色有醉西施、南红、观音面；白色有迟芍、傻白、香妃、胭脂点玉（白色带红点）；紫色有凝香英、瑞莲红、紫都红、紫芍。其中"金带围"系公园董事贺雪航、阚霍初从朝鲜釜山中华领事馆移来，据说如养植得当，花径可达一尺。每逢花期，数千株芍药竞相绽放，引得游客流连驻足。

芍药之一

芍药

壇内芍药圃　花盛開時之景

芍药圃及观赏芍药的游人

牡丹棚

1914年公园创立即开始陆地栽种牡丹，多购自山东曹州。栽种数量逐年增加，到1938年有32个品种1000多株。其品种按颜色可分为墨色、黄色、绿色、白色、紫色、红色、粉色、蓝紫色、红白色等。

从1931年始，每年从清明至五月端阳节，每日都有一列从天津到北京的观花列车，早晨由天津开来北京，晚上六七点钟再开回天津，以便游客来中山公园观花。

牡丹之一

牡丹之二

壹 贰
叁 肆 伍

牡丹棚及观赏牡丹的游人

手工上色的牡丹

这些牡丹的"彩色照片"是使用民国时期照相行业的一项特殊工艺——手工上色技术制作的。这种技术的原理是将已洗出的黑白照片进行手工上色，从而达到还原景物原片的效果。值得一提的是，"彩照"中的绿色牡丹在民国时期确在园内栽种，且园内绿牡丹品种有娇容三变、豆绿、绿玉三种。

壹　贰　叁
肆　伍　陆

花圃 位於園前門內 芳草如茵 道途四達 其北為薔薇架

壹

貳

花圃之二

花圃

　　1929年南大门内石坊以西之足球场改建为花圃，中央设一铁灯杆，围绕灯杆修筑环形甬路，并以此为中心，向南至大门，向北至习礼亭，向东北至蔷薇廊，向西至长廊，分筑四条甬路，以便游人出入。甬路均为灰土修筑。

1929年，在花圃和儿童体育场北筑月台，上建木构架蔷薇廊一座，栽种蔷薇攀缘其上。

薔薇廊及習禮亭之一

薔薇廊及習禮亭之二

菊花 中山公园从 1914 年开始养植菊花，是北京最早培植菊花的公园，品种数百种。1916 年至 1921 年，在园内连续举办"赛菊会"。1928 年，北平市政府定菊花为市花，并在公园举办了菊花会。

手工上色的菊花
通过手工上色技术还原的中山公园名品菊花"彩照"。

壹 贰

壹

贰

在唐花坞及大殿等处举办的菊花展览

壹 | 贰 | 叁

肆 | 伍

在唐花坞及大殿等处举办
的菊花展览

民国时期园内曾遍植榆叶梅。此时正值花期、花繁枝茂。

投壶亭旁之榆叶梅

投壶亭旁的榆叶梅

海棠近影

壹
北坛门前海棠近影

四宜轩桥畔海棠

贰
四宜轩桥畔海棠

丁
香

丁香之二

古梅

廊外杏花開滿枝

第四篇

山 石

　　青云片石位于外坛东南隅北侧，系圆明园遗物，曾位于圆明园时赏斋前，1925年由圆明园移至中央公园，置于来今雨轩长廊以西路旁。1971年移置现在位置。石上原镌有清高宗于乾隆三十一年（1766年）御题的"青云片"三字及律诗7首。此石孔穴明晰、结构奇巧、玲珑剔透、似烟云缭绕。它与颐和园乐寿堂前的"青芝岫"合称姊妹石。

青云片石远景

壹

贰

青云片石近景

青莲朵石

1927年由圆明园移至中央公园，置于西坛门外土山南麓。石高五尺，围十尺。为北京园林名石中之瑰宝，它逶迤曲折，脉络纵横，玲珑剔透，百窍通达，更值雨后石润时，会呈现淡粉色，加之石纹中的点点白色，有如淡露残雪。

此石今已移置中国园林博物馆。

1927年以后，置于西坛门外土山南侧的青莲朵石
青莲朵石原有石座现存于北京大学临湖轩外。民国时期移置中央公园后配须弥座一座。照片中此石还未配须弥座。

1925年1月，从圆明园运湖石时，随同运来原绮春园弃置的铜人承露盘之露水神台须弥座一个。此座为汉白玉石雕成、上刻山水、云纹、极为精巧、一直放置无用。1926年决定在公园南门内、石坊前迎门处建一灯台，用其做灯台的底座。其上下叠砌雕石5层，最上层雕成大象头形，伸出5个象鼻，向上、向四方各伸一只，装设5个灯球。灯台四周围汉白玉雕石栏杆12柱。整个灯台于1927年初全部竣工。1952年9月拆除。

1925年的圆明园露水神台

壹
贰

1927 年以后的南门
内五爪石灯台

漢白玉石座燈台花欄杆及公理戰勝坊之二

1927 年以后的南门内五爪石灯台

绘
月
石

于1919年置于四宜轩东侧。石高六尺，围七尺，系圆明园遗物。石上镌有清高宗御题"绘月"二字。

绘月石及四宜轩茶座

壹

来今雨轩北侧山石

位于来今雨轩北侧，广东刘姓老人堆叠的山石。

(二) 太 湖 石 山

自故圆明园移植园后道路中

贰

东门内假山

1925年，自圆明园移来太湖石，在公园东北门内、迎门路中堆砌假山一座以作屏障。1959年拆除。1960年利用拆除东北门内假山之山石，在西门内假山以北与游船码头以西土山之间堆砌假山。南与西门假山相接，北与土山相连。

(22) The Taihu Rockeries

社稷坛南门外古柏之三

壹
置于环坛南路东侧的
山石

壹
置于环坛南路东侧的
山石

贰
1919 年唐花坞前堆砌
的山石

壹

1936 年以后，置于改建后的唐花坞前的山石

山石上可见刻字"月明云淡露华浓"，出自昆曲《玉簪记·琴挑》中《懒画眉》，是明代戏曲作家高濂创作的剧目。此句形容月明云淡还有着露水的夜晚。

贰

置于绘影楼东北侧的山石

第五篇

水　系

御河

民国初年辟坛为园，将紫禁城西南御河收入园中，形成"天街月明，望霜华而寂寂；御河春暖，环流水以淙淙"之景。

园北部御河

壹

贰

本園後御河及紫禁城角樓

壹

贰

银丝沟

坛外西南部地势宽广，很少有树木。1916年4月，以原有关帝庙为中心、四周开挖河塘、由织女桥引水入塘栽种荷花。

桥廳上北望

壹

贰

壹

贰

第六篇

设 施

第一节 游乐设施

1916年，在南大门内以东约50米、行健会以南约20米，由俄侨瑞金捐资兴建喷水池一座。水池为圆形，直径10余米，池沿上东西南北四方各雕一坐狮，口可喷水。池中央有水塔，上部有喷水口，下部有位置错落、高低不等四个落水盘，当开启节门，四狮由口内向中间喷水，水塔上部喷水口之水落于下方水盘上，再向四下流溅，很是壮观。全池为砖砌抹水泥筑成，下镌"民国五年瑞金赠"七字。1969年11月拆除。

喷水池东南侧
"民国五年瑞金赠"刻字清晰可见，西北不远处为公理战胜坊、习礼亭。

正在喷水的喷水池

其北侧不远处为行健会。

旱冰场（售票处）

　　1920年，有京兆尹公署同事，申请在西坛门外鹿囿以南空地处，自建陆地溜冰场和柜房6间，经营"溜冰"业务。至1923年因营业不振由公园收回，改由柏斯馨咖啡馆领租，继续经营旱冰业务。到1936年冬因生意萧条停业。

旱冰场（售票处）　　壹｜贰

高尔夫球场

      1931年，在公园鹿囿以东树林内租地自建高尔夫球场（野球场），以供游人游戏运动。1932年因营业亏损，年末球场倒闭。同年11月继续出租开设高尔夫球场并兼设茶点部。1951年因公园新辟西大门、球场妨碍活动、影响园容，于当年3月迁出公园。

古柏下的高尔夫球场
（选自《北洋画报》）

儿童体育场

1929年南门内以西足球场废除后，在空地的西南端，依长廊以北建儿童体育场，为免费的儿童游戏运动场所。场地东西宽约40余米，南北长25米，其中设秋千1个、铁杠2个、压板1个、滑梯1个。1932年又添设秋千1个、压板1个、六座转椅1个，并连同原有体育器具油饰见新。

儿童体育场一角

兒童體育場

在体育场中游乐休息的游人

1939年于公园后河创办划船业务，4月22日正式售票营业，时有木制游船8只。由于租船者踊跃，船只供不应求。同年6月从天津购旧木船10只（大船8只、小船2只），经整修油饰当月15日即下水营业。18只船除两只小船自用外，16只营业船都作了编号和命名。在民国时期，御河游船是公园颇受欢迎的游乐项目。

游船码头

御河游船

御河滑冰场

1934年，为避免公园冬季冷落，增加收入，利用后河冰面开办滑冰场。冰场设在后河东段，以栏杆围挡，支搭席棚。冰场内设置茶点部、存衣处，并有拭磨冰刀等服务事项。冰场于当年12月22日开幕，开放时间为每日早8时至晚8时。

1915年4月至6月，于公园南门内以西、唐花坞东南处，建大鸟笼两座，饲养各种禽鸟以供观赏。1951年3月，因取消饲展动物拆除。

1917年4月至6月，在水榭池塘东岸、大鸟笼旁建水禽笼一座，笼半水半陆，为饲养、展示水禽之用，支付工料费中钞120元。1951年与大鸟笼同时拆除。

前河荷塘水禽龍

（选自《中央公园廿五周年纪念刊》）

1931 年以后的孔雀笼

1918 年 7 月至 9 月间，曾在水榭池塘东岸、大鸟笼之南建孔雀笼一座。1931 年因修建水榭段长廊而拆迁，移建到南坛门外公园事务所以西，翌年 4 月至 6 月间建成并油饰整齐。1934 年将孔雀笼展宽，重新油饰，并在笼内堆砌山石两座，在孔雀房内砌暖炕，房外接建一间土房作灶房。

1953 年 12 月公园内所有动物除金鱼外，全部运送西郊公园（今北京动物园），所余鸟兽房舍留备他用。

园内展出的鹤

民国时期，在大鸟笼中曾展出仙鹤。据记载，1917 年 10 月至 12 月间在大鸟笼内做仙鹤避风阁一个。至 1949 年北平解放时，仅剩灰鹤两只。

壹

贰

中山公园饲养、陈列金鱼始于1915年，是全国第一个陈列金鱼的公园。初时，金鱼为董事华南圭捐赠4盆、马辉堂捐赠10盆，即在南大门内以西、南土山以北空地设金鱼陈列处，由养鱼工人徐国庆喂养。徐家住南城金鱼池，世代以卖金鱼为生，其祖上曾在清乾隆年间为宫廷代养金鱼。

1917年以后，公园金鱼逐年添选新种，各界也不时捐送。1938年冬改建金鱼陈列处，翌年春金鱼出洞子正式展摆，取名"知乐榭"。

园内展出的金鱼

壹 贰
　 伍
叁 肆

養魚處

1915 年至 1939 年间的金鱼陈列处

1938 年为使金鱼陈列处整齐，便于观瞻，改建原有金鱼陈列处，7 月确定方案。新金鱼陈列处分 4 块摆列，中间做"十"字形水泥甬路，四周设水泥柱加铁管横栏，四面甬路口设铁栅门。整个工程于当年 12 月竣工，翌年春正式启用。1939 年 4 月，新建金鱼陈列处取名"知乐籞"，其名取自于《庄子二则》庄子与惠子游于濠梁之上"汝安知鱼乐"。

此时园内展养的金鱼有各色龙睛、蛋凤、绒球、龙睛球、红头、虎头、红帽子、蛤蟆头、望天、翻腮、珍珠金鱼 21 个品种 1022 尾，为公园饲养金鱼盛期。此后，由于日本侵略军的占领以及日本投降后国民党的统治，民生日艰，公园收入减少，加之一些达官贵人、散兵游勇时常来公园要鱼，慑于权势只好任其挑选，毁坏了不少金鱼品种，使金鱼饲养日衰，到 1949 年初，仅有金鱼 716 尾。

鹿 囿

1914年于外坛西北隅建鹿棚8间、棚外围以木栅、占地二十余亩。同年由热河行宫运来驯鹿44只、放养于鹿囿中、供游人观赏。到1918年繁殖至70只。因鹿性喜跳跃损伤古柏、1919年将大部分鹿移送先农坛鹿圈中寄养、仅留少数在园中供游人观赏。1935年、因先农坛建体育学校占地、拆除鹿圈、故将寄养仅余的3只鹿运回公园。1939年、北京坛庙管理事务所又拨给公园驯鹿8只。

1949年4月公园原理事会向公园管理处移交时、有鹿5只。此后、又经购买和受赠、据1950年4月统计、有梅花鹿8只。

1952年根据北京市公园管理委员会指示、公园内取消动物陈展、于当年7月10日将鹿棚及围墙拆除。

鹿　　　驯

壹

贰

鹿囿中展出的鹿

此外、公园饲养的其他动物还有熊、豹、猴。所有动物除驯鹿外、均为公园董事捐赠。为整顿园容、净化环境、从1951年3月起、决定取消动物展览与饲养、逐步移交给西郊公园（后更名北京动物园）、至1953年12月、兽类动物全部送交西郊公园。

一　门

第二节　服务设施

南门内外

1914年，将长安门内金水河最西边的白石桥以北，相对的皇城墙上开门，辟为公园的南门。为使天安门两侧对称，在太庙南墙上相对位置亦同时建一假门。此二门是利用拆除故宫传心殿和文渊阁两处琉璃门的瓦件建造的，门楼为歇山黄琉璃瓦顶拱形券门。因此时门内迎面可见格言亭，推测该照片拍摄时间在1914年至1918年之间（1918年，因移建"协约公理战胜纪念坊"，格言亭移至北坛门外路中央）。

（坛稷社旧西门安天）园公央中

1914年至1918年间南门外

1922 年至 1927 年间南门门厅内

1922 年，于南门门厅建铅铁罩棚 3 间，进门处标示"禁止自行车在园内穿行"。向北可见已移建完成的公理战胜坊，但未见 1927 年建成的五爪石灯台。推测该照片拍摄时间在 1922 年至 1927 年之间。

东门内月洞门

　　阙右门迤南向西至社稷坛东北门南侧坛墙间，筑有围墙一段。1914年辟园时、在围墙近西端开一圆形拱券门、从而打通外坛东侧环坛道路。

坛东北角榆叶梅

壹

贰

二

桥

北门木桥

壹

贰

1915年在公园后河（即紫禁城外筒子河）西部建木桥一座，桥南端和北端各安装两开式木栅门为公园的北门，出门可直达故宫西华门。1951年拆除。

四宜轩原为社稷坛时之关帝庙，四周挖河塘后，在其正北建木桥一座通唐花坞。

壹

贰

三 路

柏樹林　園前部東西道路　老柏成行為園中勝景

壹

贰

花圃中央路灯

1929年，南大门内石坊以西之足球场改建为花圃，中央设一铁灯杆。

花圃之一

1918年至1925年，在南门内迎面处原格言亭南位置设一灯杆。

五
桌 椅

公园西路、南路、北路四宜轩茶座、或设于古柏林间、或设于紫藤架下、荷塘池畔、供游人赏歇品茗。

藤蘿

壹

贰

本園後柏樹林內向北望

环坛西路枯树桌椅

民国时期，曾使用枯死柏树制作成桌椅，极具特色。不远处为供游客休憩的东洋式亭。

第七篇

人 物

作为北京城内第一座面向公众开放的公园，中山公园在创建后很快成为政府、市民集会的首选。一来公园地处市中心、交通便利；二来园内先后建立来今雨轩、春明馆等一批中西餐厅、茶馆，为各式集会提供便利条件。著名学者邓云乡曾回忆说："当时来中山公园渐成为一种习惯。"20世纪二三十年代前后，这里更是成为北京各界名流雅集，或是政府举办政治集会之地。

1917年6月，北京大学中国哲学门第一届毕业班在中央公园松柏交翠亭合影。前排穿西装者为陈独秀

1912年，北大哲学系的前身"哲学门"正式建立，1914年起正式招生，是中国高等学校中最早成立的哲学系。创建之初为北京大学文科哲学门，亦称"中国哲学门"，1919年更名为哲学系。著名学者蔡元培、胡适、蒋梦麟、汤用彤、梁漱溟、金岳霖、朱光潜等先后在此执教。北大哲学系培养了张申府、顾颉刚、朱自清等大学者和邓中夏等革命志士。

李大钊与《晨钟报》编辑部同仁在北京中央公园（今中山公园）合影

1916 年 8 月 15 日《晨钟报》创刊发行，李大钊受邀担任该报第一任总编辑。在《晨钟报》上，李大钊怀着强烈的爱国情怀，共发表 14 篇文章，热情宣传爱国主义与民主主义思想，热切期待着"振此晨钟"，"索我理想之中华，青春之中华"，在北京吹响了思想启蒙的号角。这与陈独秀创办的《新青年》是声气相通的。

贰

1919 年李大钊与进步青年在中央公园（今中山公园）松柏交翠亭前留影。右起：张申府、梁漱溟、李大钊、雷国能。李大钊、张申府、雷国能同为少年中国学会成员

少年中国学会是五四时期最重要的社团之一，发起于 1918 年 6 月 30 日，经过一年的筹备于 1919 年 7 月 1 日成立。是当时诸多青年社团中会员最多、分布最广、持续时间最长的社团，聚集了青年学子和其他社团中的许多精英分子。中国共产党早期领导人李大钊、周恩来、邓中夏、高君宇等先后多次到来今雨轩参加学会的聚会、座谈会，宣传马克思主义思想，阐明自己的政治主张。

1915年，陈独秀创办《新青年》（原名《青年杂志》）。通过宣传和介绍马克思主义思想、科学民主精神，揭开了新文化运动的序幕，也为马克思主义在中国传播和五四爱国运动爆发奠定了基础。受五四思潮影响，一些进步的知识分子渴望通过文艺来表述自己的政治和人生理想，新的文学社团于是应运而生。文学研究会因其成员多、影响大、在流派发展上具有鲜明突出的特色，吸引了一批热爱新文学的进步知识分子，成为新文化运动中最为重要的一个文学社团。

1921年1月4日，文学研究会成立时在来今雨轩茶社前合影

壹

1925 年孙中山公祭时的南门

1925 年 3 月 12 日，孙中山先生逝世，其灵柩于 3 月 19 日运抵中央公园南门外。此为一切准备停当，迎候孙中山先生灵车到来。

贰

园内送葬队伍

1925 年 3 月 24 日至 4 月 1 日，在公园拜殿举行孙中山公祭。公祭期间，敬献花圈的群众队伍经过公理战胜坊。

鲁迅

　　鲁迅先生曾多次到访中央公园，据其日记记载，仅1915年至1929年间就有81次。1925年，鲁迅先生应《阿Q正传》英文译本译者梁社乾先生邀请到中央公园小聚。在《鲁迅日记》中，对此次拍摄活动有着明确的记载："七月四日……午后，我前往中央公园，于同生照相馆拍摄了两张照片。"聚会前先生在北京享有盛誉的摄影名店——同生照相馆（中央公园内店），拍摄了这帧珍贵的肖像照。

鲁迅肖像小照

1921年6月1日，赵元任与杨步伟登记结婚，没有举办婚礼，只向亲朋好友发出一纸分别用中英文书写的结婚通知书，附上了这张在中央公园格言亭的合影，并声明除书信、诗文、音乐曲谱或捐款给中国科学社外，不收取其他贺礼。此举被称为是民国时期"文明结婚的最早范例"。

沈从文是中国著名作家、历史文物研究者。1933年9月9日，沈从文与张兆和在北平中山公园水榭举行了婚礼。1934年，沈从文创作的中篇小说《边城》已成书并出版。《边城》是"牧歌"式小说的代表，也是沈从文小说创作的一个高峰。

1921年，赵元任与杨步伟在中央公园格言亭合影

1934年，在北京定居的沈从文与张兆和到中山公园

此幅照片是20世纪10年代、在北京经营照相业务的著名美国摄影师詹布鲁恩使用立体相机、为其妻子和两个女儿拍摄的在中央公园内坛芍药圃前的合影。

詹布鲁恩妻女于中央公园
（照片由国内重要私人藏家提供）

徐世昌

徐世昌曾任北洋政府国务卿、民国大总统。朱启钤筹建中央公园时，曾捐款1500大洋予以支持，为捐款最多者之一，并担任中央公园董事会董事。

徐世昌肖像

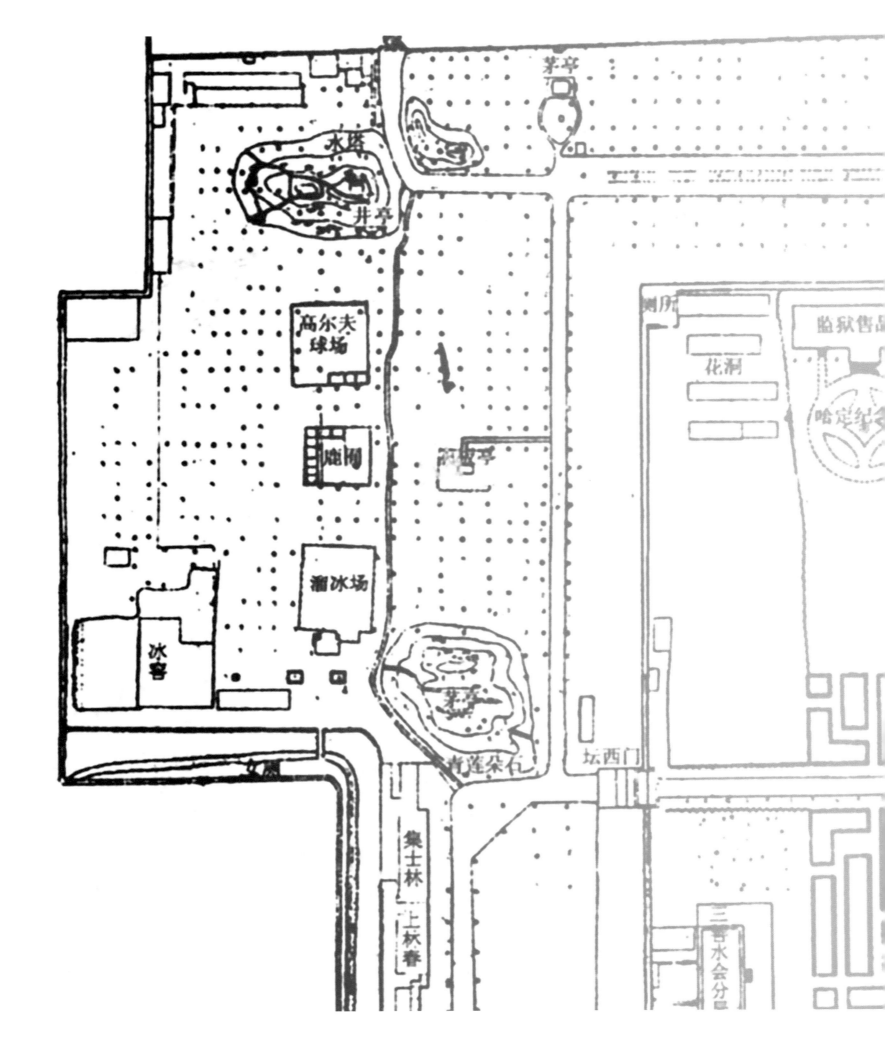

水塔

茅亭

井亭

高尔夫
球场

魔刑

阅报亭

溜冰场

冰窖

茅亭

青莲朵儿

坛西门

厕所

化洞

监狱售品

哈定纪念

集士林 上林春

三宫 水会 分

第八篇

舆　图

由1913年还未对外开放的原皇家社稷坛，到1936年的中山公园，筹划者力求为市民营造一座具有现代意义的城市公园、一座"首善之园林"。正如朱启钤先生在其撰写的《中央公园记》中所说："园规取则于清严偕乐，不谬于风雅。"

六幅民国时期历史舆图，见证了中山公园开园初期的建设轨迹。

第一章　本園創辦之經過

九

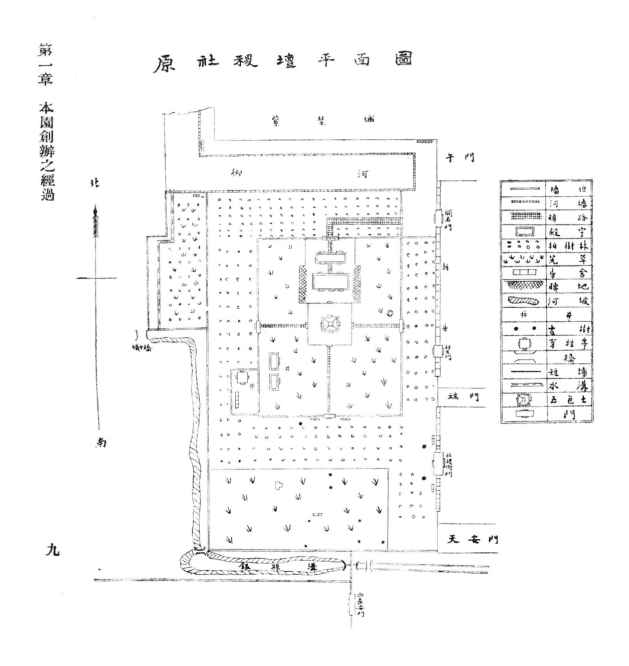

1913 年原社稷坛平面图

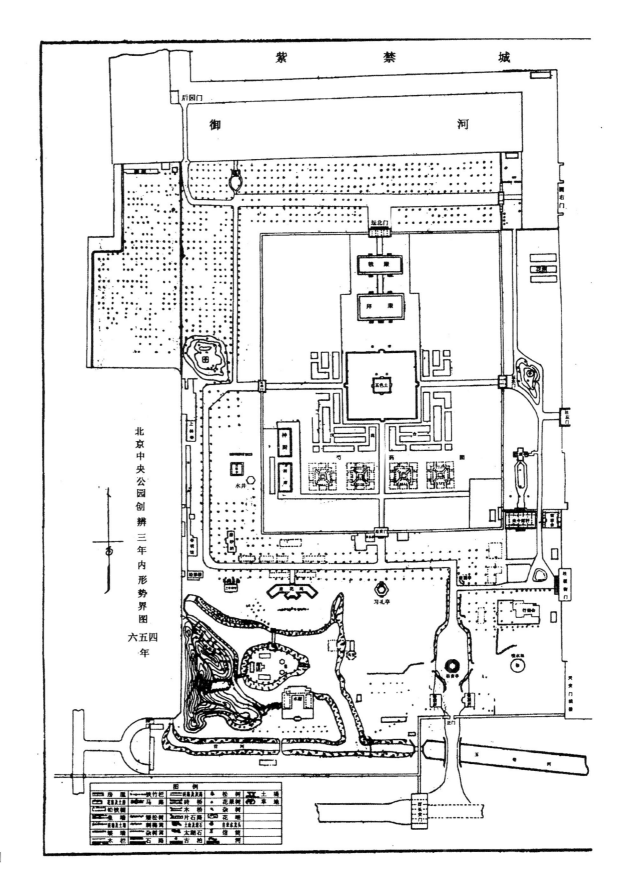

1917 年中央公园平面图

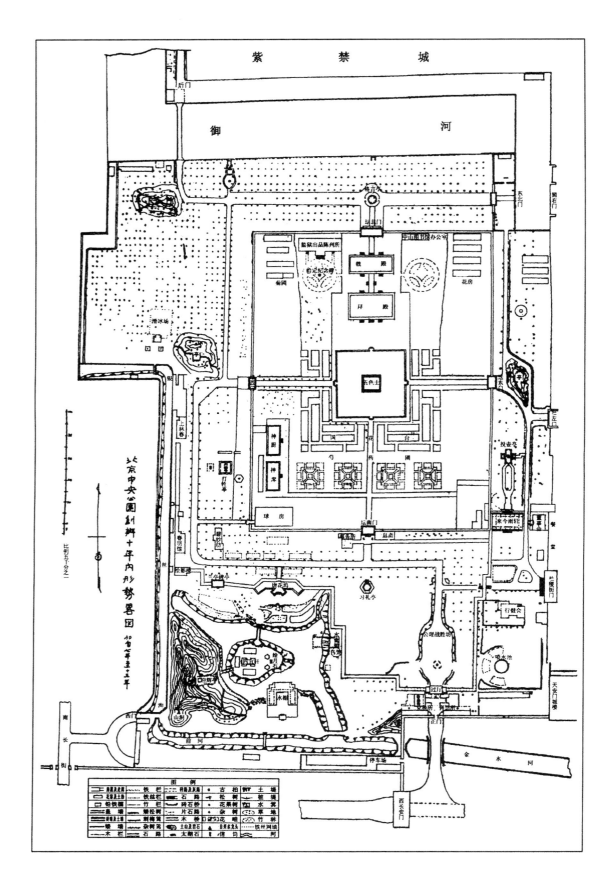

1924 年中央公园平面图

1928 年中山公园平面图

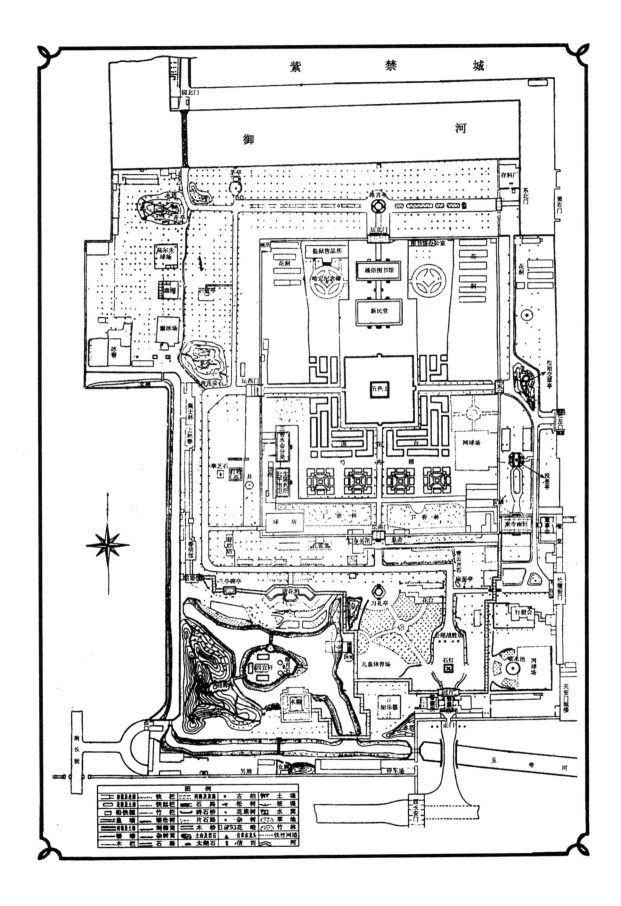

1936 年中山公园平面图

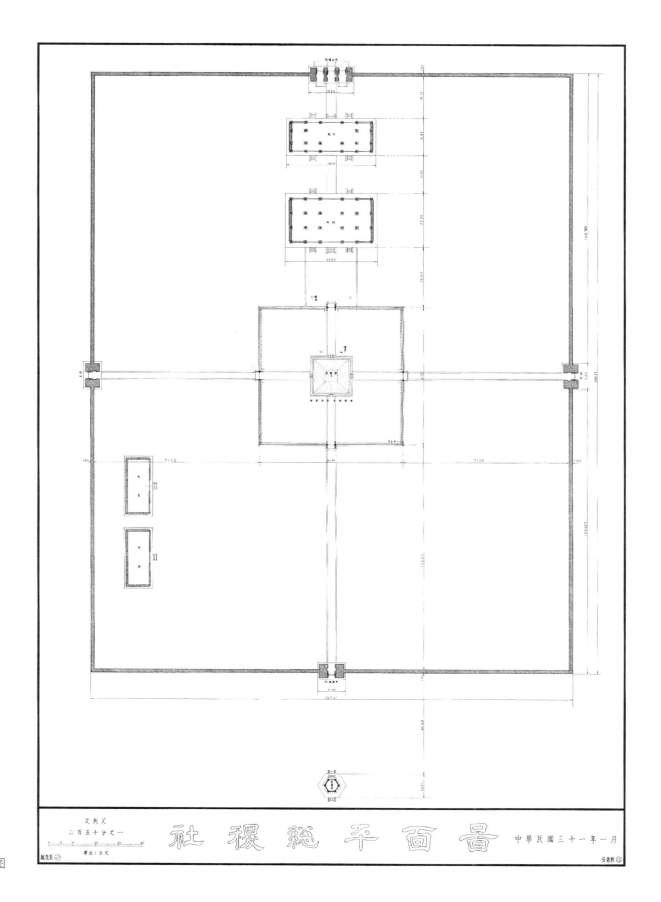

1942 年内坛测绘图

北平历史地图

彩色石印北平景观图。1936年天津北洋书局出版。

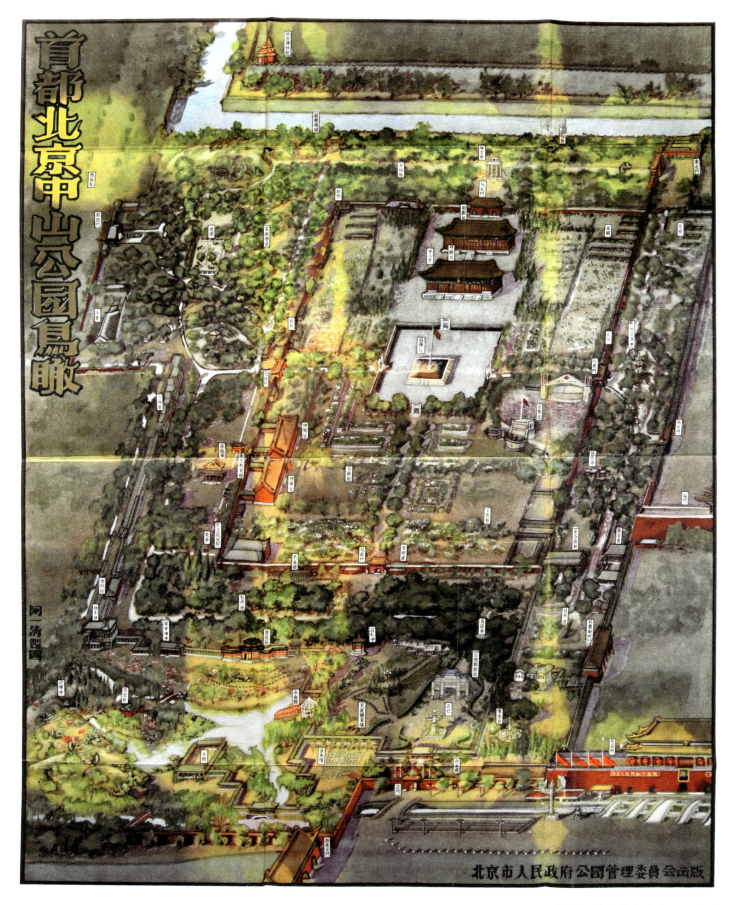

1951 年陶一清绘北京中山公园鸟瞰

后
记

　　挑选照片的过程充满惊喜与震撼，就像踏上一场时光的旅行。透过这些老照片，我们仿佛回到了一百多年前的这片土地。在这一刻，历史的隽永深长，随着331幅民国留存至今的原作老照片，从我们手中徐徐展开，很多历史档案资料里记载的信息，在这些老照片中一一得以印证，而老照片中反映的历史信息甚至填补了档案的空白。

　　挑选照片的过程也是痛苦的，选择意味着抛弃。理性思维要求我们要在有限的篇幅中，尽量系统、全面、客观、真实地把百年前的中山公园展现给各位读者。要有所取舍，突出重点。最终，我们通过精选出的这百余幅老照片，把北京中山公园最初的样子呈现给您，也把百年前在这里发生的故事讲给您听。

　　回首来时路，砥砺再前行。北京中山公园在人民的渴望与期待下诞生，在社会公众的智慧与汗水浇灌下茁壮成长，必将会以崭新的姿态，在新时代展现出更加夺目的光彩！